はじめに

さて、iDeCoは複数の有利な非課税メリットが備えられた上で、政府が用意してくれている制度ですが、この制度目的はあくまで私たち生活者が将来のための「じぶん年金」を、各々自ら考え行動して築いて行くことを前提にしています。

そして非課税メリットのひとつが運用益への免税。即ちiDeCoで積み立てた資金を60歳までコツコツ積み立てて運用した結果増えた分に、本来課される20％もの税金が免除されるわけです。ということは、その非課税メリットを享受するためには、しっかり運用して拠出した資金を大きく増やして行く必要がある。要するにiDeCoで「じぶん年金」を大きく育てて行くために、読者の皆さんには正しい投資をぜひとも実践して欲しいのです。

この本の後半は、iDeCoを通じて誰でも出来る長期投資の活用法をお伝えしています。iDeCoの活用は、国が私たち生活者に与えてくれた権利です。ならばせっかくの有利な権利を正しく行使して、将来に向けた豊かな人生創りに向けて、一緒に行動してまいりましょう！

2017年1月
中野 晴啓

Introduction

　老後の生活は不安だけど、実際のところ、いくら準備すればいいのか分からない…。ファイナンシャルプランナーである私はそんな相談をよく受けます。仮に60歳で退職し85歳まで生きて、毎月の生活費が25万円だとすると、25万円×12ヵ月×25年＝7000万円。さらに医療や介護の費用で1000万円かかると仮定して、計8500万円としましょう。

　そんなに貯金できないよ！　と思った方も安心してください。
　ここで、年金の登場です。

　人によって年金の受給額は違いますが、ここではおおよそ21万円／月もらえるとすると、受け取れる年金額は、21万円×12ヵ月×20年＝5040万円。自分で用意するお金は、8500万円−5040万円＝約3500万円　となります。退職までに自分で、3500万円を準備できるでしょうか？　準備できるという方も、そうでない方も、老後のための資産作りに利用するべき制度があります。「個人型確定拠出年金《 iDeCo 》」です。この制度は、これまで限られた人しか加入できませんでしたが、2017年1月から加入対象が拡大され、ほぼすべての人が加入できるようになりました。iDeCoは老後の資産を作るための、現状もっとも有利な制度です。利用しない手はありません。

　是非とも、コミックで楽しく、確定拠出年金のメリットを知って頂ければと思います。この本が、みなさんの老後の資産作りの一助となれば幸いです。

2017年1月
井戸　美枝

マンガでまる分かり!
知らないと後悔する
「iDeCo イデコ」
～確定拠出年金～

第1章 ……………………………… 5
iDeCo(個人型確定拠出年金)って何?

第2章 ……………………………… 24
iDeCoのメリットとデメリットって!?

第3章 ……………………………… 55
具体的に何をすればいいの?

第4章 ……………………………… 75
iDeCoを始めてみたけれど
《運用しないと意味がない》

第5章 ……………………………… 105
他にもある非課税制度「NISA」
iDeCoどっちがお得?

第6章 ……………………………… 115
iDeCoを始めるあなたへ

第1章

iDeCo
(個人型確定拠出年金)
って何?

まとめて&おさらいコーナー

第1章

iDeCo（個人型確定拠出年金）って何？

このコーナーではマンガで学んだ事をおさらいしながら、さらに詳しく制度の解説をしていく。本編で話した事をもう一度言ったり、言動が微妙に違ったりするのは「そういうもの」だと思って読んでくれ。

 誰に向かって話してるの？ルキフ？　ところで、**確定拠出年金**って何？

毎月決まった掛け金を60歳まで支払い（拠出し）そのお金を60歳以降に**一時金**や**年金**として受け取る制度だ。

 国民年金や**厚生年金**とどう違うの？

公的年金は現役世代が払い込んでいる保険料を財源として現在の年金受給者に年金を支給する「**賦課方式**」だ。対して確定拠出年金は、将来の為に自分で積み立て、自分で作る年金なのだ。

 公的年金だけじゃだめなの？　さらにお金を払うなんて厳しいかも…。

気持ちは分かるが、公的年金だけだと老後の事を考えると心もとないな。お金を払うといっても将来の自分への積み立てなんだぞ？　加入は強制じゃないから、やらない自由もあるが、やらないと**確実**に**損**をするぞ。

 どういうこと？

公的年金は現役世代が高齢者を支えるシステムなのは知っているな？今後現役世代が減り、リタイヤ世代が増えていくから、払う人と受け取る人の人口バランスを考えて年金は調整されていく。**「マクロ経済スライド」**というのだが、詳しい説明はここでは置いておくぞ。とにかくこの結果、20〜30年かけて公的年金の支給額が**約3割**目減りするとの見通しだ。

 えっ、年金ってそんなに危ないの？ このままいくと私、年金貰えなくなっちゃうの？

危なくない。年金が貰えなくなることは、はっきり言って無い。そもそも「マクロ経済スライド」自体が、年金制度をそういった破たんから守る為の仕組みなんだ。

 でも減っちゃうんでしょ？ どうしたらいいの？

まあ、公的年金には世代間の格差があって、今後受け取る世代の支給額が目減りする事は事実だな。だからこそ公的年金という土台をきっちり払っている人に、将来の目減りに備える為のすごい追加対策を国が用意したんだ。

 それが確定拠出年金？

そうだ。公的年金と違って、積み立てたお金を自分で**運用**出来るのだ。当然、利益を出せば出すほど将来の給付額が増えることになる。それに**「積立方式」**だから、公的年金のように人口バランスや年金全体の運用状況で給付額が調整されることは無い。

 運用…って言われてもなんか難しそう。私なんかがやっても上手く行かないんじゃないの？ 経済の動きを熟知しているバリバリのビジネスマンじゃないと…。

ふむ、経済の動きや知識も知っておいた方がいいに越した事はないが、それ自体は「確定拠出年金における運用」の本質ではないから、あまり深く考えなくてもいい。

まとめて&おさらいコーナー

 お金でお金を増やすなんていいイメージないなぁ。

 だからと言って何もしなければ単に年金が減る分、損をするのみだ。確定拠出年金には**税制面での大きな優遇措置**がある。加入してその恩恵を受けない手は無いぞ。

 えーたかが税金?

 おいおい、通常なら払わないといけない税金を払わないで済むんだぞ? あくまで例えだが「消費税を払わなくていい」ってなったら凄くないか?

 言われてみれば…!

 いいか? 税金ってのは実は資産形成の上で最大のコストなんだ。そのコストを払わなくていい制度という事は、老後資金を作るうえで確実に資産を増やせる**「最強のツール」**だと思わんか?

 そう言えばなぜ今、確定拠出年金なの?

 確定拠出年金自体は2001年から日本に導入されているのだが、今までは限られた人しか加入できなかったのだ。しかし、この度の法改正で2017年1月より加入対象が拡大され、ほぼ全ての国民が加入できるようになった。同時に制度の利便性も格段に向上している。これを機に「**〈個人型〉確定拠出年金**」の通称が**「iDeCo」**と決められたんだ。

 「コジンガタカクテイキョシュツネンキン」より「イデコ」の方が可愛いよね!

第2章

iDeCoの
メリットとデメリットって!?

iDeCoを始めるのにまとまった額はいらぬ

なぜならば…

毎月「コツコツ」積立てが基本だからだ！

iDeCoの積立て限度額（月額）

掛け金には上限がある

最低5千円から千円刻みでそれぞれの限度額まで設定することができるぞ

¥68000

自営業
学生
フリーターなど

¥12000

公務員

¥23000

専業主婦（夫）
企業年金のない会社員

※最低5000円から。
1000円きざみで設定できる。

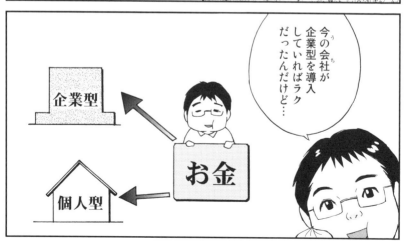

まとめて&おさらいコーナー

第2章

iDeCoのメリットとデメリットって!?

ここではiDeCoのメリットとデメリットを詳しく解説するぞ。と、その前にiDeCoの加入条件だが、60歳未満で10年以上加入が原則だ。国民年金を100％払っている人なら、公務員、専業主婦（夫）、アルバイトなど日本国民のほぼ全員が加入できるようになった。

 土台である国民年金をきっちり払っている人にのみ参加資格があるのね!

さて、iDeCoのメリットについてだが、なんと言っても税制面での優遇措置のインパクトがでかい。

 通常なら払わないといけない税金を払わなくて済むんだっけ？

大きく分けて**3つ**の場面でこの節税メリットの恩恵がある。順番に説明していくぞ。

メリットその1
掛け金は全額所得控除の対象!

 所得控除って？

収入から経費（会社員は給与所得控除という）を引いたものが「所得」。この所得から「所得控除」を引いたのが「課税所得＝税金がかかる所得」だ。つまり、所得税や住民税を計算する時に、所得控除をたくさん引けるほうが、税金が安くなるんだ。所得控除は、社会保険料や、扶養家族が居る等の生活状況に応じて設定された金額などの合計額だ。掛け金は全額ここにプラスされるんだ。

 掛け金は**支払えば支払うほど、税金的にお得**って事？

まとめて&おさらいコーナー

月々の限度額はあるけどな。企業年金のない一般の会社員の場合は月2万3千円だ。

拠出限度額は人によって違う

就労状況		〈企業型〉拠出限度額	〈iDeCo〈個人型〉〉拠出限度額
自営業者 学生 フリーターなど		—	68,000円／月 (81万6千円／年)
会社員	企業年金あり (確定給付+確定拠出)	27,500円／月 (33万円／年)	12,000円／月 (14万4千円／年)
	企業型 確定拠出年金のみあり	55,000円／月 (66万円／年)	20,000円／月 (24万円／年)
	企業年金なし	—	23,000円／月 (27万6千円／年)
公務員		—	12,000円／月 (14万4千円／年)
会社員や公務員を 配偶者に持つ、 専業主婦(主夫)		—	23,000円／月 (27万6千円／年)

※企業型確定拠出年金のみを実施する企業の場合は、企業型の拠出限度額を年間42万円とする事を規約で定めた場合に限り、個人型へ加入できる。企業がマッチング拠出を実施している場合は個人型の利用は不可。
※確定給付型企業年金と企業型を併用する場合、企業型の事業主掛け金は年額18.6万円、個人型掛け金の上限は年額14.4万円となる。

どれくらい**お得**なの?

例えば、課税所得400万円の人は所得税率20%・住民税は10%だ。この人が掛け金を月2万3千円×12ヵ月=年間27万6千円支払った場合、27万6千円の30%…、年間で8万2千800円(復興特別所得税除く)も税金を払わなくて済む。

課税所得って年収から所得控除の合計を引いた額だったっけ?

いいや。…よし、会社員や公務員なら毎年12月に受け取る「給与所得の源泉徴収票」があるだろう? 持ってきてみろ。

これ、いつもよく分かんない数字が並んでるなぁと思ってた。

まぁ、興味がなければそんなもんだろうな。日本のサラリーマンはこの「年末調整」があるから、ほとんどの人が自ら確定申告をしなくて済む。税金の知識も特に必要ないから、みんな納税意識が低いんだ、全くブツブツ…。

話、それてるよ…ルキフ。

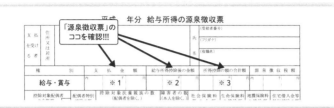

ゴホン…。お前のいう年収とはこの※1の**「支払金額」**の事で間違いないな?

そうそう。給料の額面金額よね?

そうだ。そしてこの横に※2**「給与所得控除後の金額」**というのがあるだろう?

給与所得控除?…なんかまた新しい控除が出てきたわね…。

…詳しい説明は割愛するが、勤め人に認められている**経費**みたいなもんだと思ってくれ。計算式は決まっていて、とにかくこの分は自動的に控除される。この「給与所得控除後の金額」が「所得」と言われる額だ。

年収と所得は違う意味で使われているのね。

※3が**「所得控除の額の合計額」**。※2から※3を引いた金額が「課税所得」で、ここの金額をもとに税金が計算されるのだ。

所得控除を増やせば課税所得が減る、課税所得を減らせば支払う税金が減るという事ね!

ちなみに住民税は課税所得に対して一律10%だが、所得税は累進課税だから、収入が高い人ほど税率は高くなっていく。つまり、所得が上がれば所得税や住民税も増えていく分、節税効果もぐんぐん上がっていくんだ。だからiDeCoは出来るだけ早く始めて、長く続ける方がいいんだ。

まとめて&おさらいコーナー

メリットその2
利益に対する税金20%がかからない!

第1章で「iDeCoは自分で積み立てたお金を自分で運用出来る」と説明したが、実はこの運用によって発生した**「利益（値上がり益）」**が非課税になるのだ！

運用か…やっぱり難しそうなイメージしかないわ…。

「運用」に関しての細かいことは第4章で説明するぞ。とにかく今はこのメリットのイメージだけ分かってくれればいい。ところで、この日本ではお金が動くとなるとなんでも税金がかかってくるよな？

そうね…消費税とか今では当たり前に払ってるけど、**地味に痛い**わよね。

日本の消費税率はまだ先進国の中では低い方だけどな。まあ、それは置いといて。通常の投資でお金を運用する場合は発生した利益に一律20%（＋復興特別所得税）の税金がかかる。もしお前が100万円の利益を出したとしたら、約20万円税金で取られるんだ。

え！ 頑張って運用したのに!? 消費税の比じゃないわね！

ル：iDeCoではこの20万円が**取られない**。節税によって得られる20%のリターン改善ってスゴイ事なんだぞ。そして利益は減ることなく新たな運用に回される。80万（＋元本）で運用するのと100万（＋元本）で運用するのでは、先々大きな違いが出てくるのは誰の目から見ても明らかだろう？

掛け金をコツコツでも長く積み立てていけば、いつかは百万単位になる。その元本で運用したらその利益だってスゴイ事になる…？

可能性がある、だな。分かってきたじゃないか。

メリットその3
年金を受け取る時も税金の控除がある!

iDeCoは国が推進しているだけあって、**「公的年金等控除制度」**の対象になっているんだ。ちなみに、生命保険会社等の個人年金はこの対象にならないから、頭に入れておくといい。

 控除額を超えた分に対してだけ課税されるのね。

この他にもメリットはあるのだが、必要に応じて後ほど説明するぞ。

 こんな凄いメリットばかりで、なんかウラがあるんじゃないの…?

ウラというほどでもないが、デメリットは存在する。最強の仕組みなのは間違いないが、万能ではない。しっかりと確認しておくのだ。

デメリットその1
60歳まで解約(現金化)は原則不可能!

iDeCoは将来の自分のためにお金を積み立てる**「年金」**だ。国だってその前提で税金を優遇している。もし「50歳でまとまったお金が必要になったから、解約して現金化」なんて事はできない。(※「障害」「死亡」の場合は60歳前でも受給可能)

 それはいいんだけど、途中で辞められないのは不安だな。もし、毎月の掛け金を**払えなくなったら**どうしたらいいの?

払えない時は**払わなくていい**ぞ。

 えっ。

どうしても家計が厳しい時は、一時的に掛け金支払いを停止する事はできる。しかし、掛け金を最低額である月5,000円に減らしても続けたほうがいい。掛け金の金額は年に1回変更ができるんだ。お金に余裕が出来た時は、減額した分をまた増やせばいい。

まとめて&おさらいコーナー

そっか、それは安心。でも掛け金を停止すると不利になっちゃうし、難しいところね。臨時収入のあった月だけドカーンと支払うわけにはいかないのかな?

iDeCoは**毎月コツコツ積み立て**が基本だ! そんな不確かな収入をアテにするでない! とは言え、2018年からは掛け金の月々の上限が、年単位の上限となる。お前の場合は年27万6千円だ。月々の設定金額は年に1回しか変更できないが、もしボーナスでも貰えるなら上限枠の使い残し分をまとめて支払う、って事も可能になるがな。

うう…そういえば私のボーナス、お菓子だった…シクシク。

デメリットその2
利用には手数料がかかる!

まず、iDeCoを始めるためには必ず、国民年金基金連合会に支払われる加入手数料、**2,777円**が発生する。この他に加入時手数料がかかる運営管理機関も一部存在する。まあ、これは最初だけだ。

運営管理機関って?

詳しくは第3章で説明するが、iDeCo専用の口座を開設する証券会社や銀行などの金融機関の事だ。そしてこの専用口座を維持するのに必要な経費として、毎月「口座管理手数料」が発生する。

どれくらいかかるの?

運営管理機関によって違うが、安いところだと年間で**2千円**くらいだ。高いところだと**7千円**を超えてくるかな。

年間で5千円も違うの? だったら安い方が絶対いいじゃん。

手数料の観点だけで見たらそうだな。運営管理機関を選ぶポイントは他にもあるから、よく考えて選ぶんだな。その辺も第3章で説明するぞ。

デメリットその3
支払った掛け金の総額より給付額が少なくなる可能性がある。

ほらやっぱり！ そんなうまい話、あるわけないと思った！ お金の運用なんて、素人が手を出したらエライ目に合うのよ！

まあ落ち着け。やはり初心者が一番気になるのはここだろうな。ここで言いたいのは、あくまで可能性のあるなしで言えば「ある」という事を知っておいて欲しいだけだ。こうすれば必ずお金が増えるという必勝法は存在しない。だが、損をする可能性を**限りなくゼロに近づける**ための方法論は存在するのだ。運用に関して詳しくは第4章で説明する。

そんな事言ったって、もし失敗したらどう責任取ってくれるのよ！

むむぅ…。責任は取れないが…。iDeCoをやる上でのメリットとデメリット**をちゃんと天秤にかけて考える**んだな。あとは加入するしないはお前の自由だ。ただし、先にも言ったように公的年金は目減りしていく。iDeCoで損をするかどうかはお前の運用次第だ。やらない自由もあるが、やらないと確実に損をするぞ。

確かに…。節税の恩恵だけでもすごいもんね。私、ちゃんと考えるわね。

加入期間

そう言えば、iDeCoは60歳未満で10年以上の加入が原則だけど、例えば55歳の人は加入したくても出来ないの？

心配ない。加入自体は出来る。10年間という加入期間に満たない加入者については、年金の受給開始年齢を60歳以降にずらして受給出来るんだ。

受給開始年齢
8年以上10年未満 ……… 61歳から70歳になるまで
6年以上 8年未満 ……… 62歳から70歳になるまで
4年以上 6年未満 ……… 63歳から70歳になるまで
2年以上 4年未満 ……… 64歳から70歳になるまで
1ヵ月以上 2年未満 ……… 65歳から70歳になるまで

まとめて&おさらいコーナー

ただし！ 加入資格は60歳未満だから60歳になってからは掛け金を追加する事は出来なくなるぞ。55歳で加入した人は受給資格年齢の63歳まで、**運用するだけ**の3年間になるんだ。

年金の受け取り方

iDeCoは、積み立てたお金を60歳以降に一時金や年金として受け取る制度だって言ってたけど、どういう事？

公的年金と違って、iDeCoはまとめて受け取る事も出来る。これが「一時金」だ。一時金で受け取る場合の所得区分は**「退職所得」**となり**「退職所得控除」**の対象となる。

公的年金のように月々受け取る場合が「年金」ね？

そうだ。その場合**「雑所得」**となり、公的年金と合算した上で**「公的年金等控除」**が受けられる。

どちらも控除額を超えた分に対してだけ課税されるのね。どっちの方がお得なんだろう？

人それぞれの状況と観点から考えるしかないのだが…。コストで考えると、「給付事務手数料」が1回の振込の度に**432円**かかる。年金方式で毎月20年間受け取る場合だと、トータル**10万円**を超えてくる。一時金なら1回分の432円だけだ。

チリも積もれば…ね。

税金の面で考えると、「公的年金等控除」より「退職所得控除」の方が税制優遇は大きい。

なら、一時金の方が断然お得よね！

そんな訳で実際、一時金で受け取る人は多い。だが、年金方式を選んだ場合、まだ受け取ってない年金は引き続き運用する事が出来るんだ。当然iDeCoのメリットは**そのまま**に、な。

 そっか、一時金で受け取っちゃったら、運用したくてもiDeCoのメリットはなくなっちゃうのね。

運用収益に対する税制メリットを考えたら、年金方式の方がいい、って人もいるはずだ。

 うーん、悩ましいなぁ。

そんな人の為に、一時金と年金の**併給も可能**だぞ。半分受け取って残りを年金とか、年金を10年受給した後に残りを一括で受け取るとか。

 え、何それ、かゆいところに手が届くじゃない!

ただし運営管理機関によっては出来ないところもあるから、運営管理機関を選ぶ**ポイントの1つ**かもな。

第3章

具体的に
何をすればいいの?

ルキフイデコ…

もう出てきてくれないのかな

「お前には他の夢があったのではないか?」

留木布さんと知り合いなの？
あら〜
えええぇまぁ……

ルっ…ルキフ…

一定の手数料がかかったり
口座内の資産を一度解約して現金化する必要がある

途中で変更すると損なケースもあるって事だな

ここでも手数料!?

運営管理してくれる機関は慎重に選べって事ね

後になって後悔するのはイヤだもの

そうだ ——私 石についても勉強を始めたの!

まとめて&おさらいコーナー

第3章

具体的に何をすればいいの?

iDeCoを始めるには、まず何をすればいいの?

運営管理機関、つまりiDeCoを取扱っている、**証券会社**や**銀行**などの金融機関の事なのだが、ここに申込してiDeCo用の口座を開設するのだ。

公的年金と違って、お金を預ける先は決まってないのね。

どんな運営管理機関があるかは、〈http://www.npfa.or.jp/401K/operations/（国民年金基金連合会のHP）〉や〈https://www.morningstar.co.jp/ideco/（モーニングスターのHP）〉〈http://www.dcnenkin.jp/（iDeCoナビ）〉を確認するといい。

めちゃくちゃいっぱいあるじゃない！ こんなの選びきれないわよ…。面倒だし、誰かテキトーに決めてくれないかしら?

確かに面倒かもしれんが、自分で選べるからこそ**「思い描くイメージに合った運用が出来るか」**とか、**「親身に相談に乗ってくれる」**とか、**「受け取りのシステムが将来設計に合っている」**だとか、自分の目で見極めて会社を選べるんだ。

それでもいっぱい過ぎるよ…。何をポイントに絞り込めばいいの?

大きくは**3つ**ある。順を追って説明するぞ。

まとめて&おさらいコーナー

運営管理機関選びのポイント
その1 口座管理手数料

第2章でも言ったが、専用口座を維持するのに**「口座管理手数料」**が発生する。金融機関ごとに異なるが安いところで年間2,004円、高いところだと7,404円もかかるぞ。(国民年金基金連合会1,236円、事務委託先金融機関768円／年額は必要 この2,004円を含む)

えー、そんなにちがうの!? 何十年も続ける前提の制度だから、30年続けるとすれば1年あたりの差が**30倍**にもなるって事よね。

その通り。あと月々の運用は月間の口座管理手数料を差し引いた残金で行われる。ここでも長く続けていく上では差が出てくるだろうな。

口座管理手数料比較一覧

2017年1月現在,全て税込表示

	加入時手数料(初回のみ)			口座管理手数料(年間かかる費用)			
	国民年金基金連合会	運営管理機関	合計	国民年金基金連合会	事務委託先金融機関	運営管理機関	合計
楽天証券 (資産残高10万円以上)	2,777円	0円	2,777円	1,236円	768円	0円	2,004円
楽天証券 (資産残高10万円未満)	2,777円	0円	2,777円	1,236円	768円	2,712円※2	4,716円
SBI証券 (資産残高50万円以上)	2,777円	1,080円※1	3,857円	1,236円	768円	0円	2,004円
SBI証券 (資産残高50万円未満)	2,777円	1,080円※1	3,857円	1,236円	768円	3,888円※3	5,892円
スルガ銀行 (資産残高50万円以上)	2,777円	0円	2,777円	1,236円	768円	0円	2,004円
スルガ銀行 (資産残高50万円未満)	2,777円	0円	2,777円	1,236円	768円	3,240円	5,244円
メガバンクT	2,777円	0円	2,777円	1,236円	768円	4,536円	6,540円
地銀J	2,777円	0円	2,777円	1,236円	768円	5,400円	7,404円

※1 2017年3月31日までに新規加入・移換もしくは他社からの運営管理機関変更の受付が完了した方は無料
※2 2017年12月まで無料
※3 2017年3月31日までに新規加入・移換もしくは他社からの運営管理機関変更の受付が完了した方は月額の324円が2017年3月分まで無料

運営管理機関選びのポイント
その2 運用商品の品揃え

あの…根本的な事が分かってないんだけど、運用って商品なの??

詳しくは第4章で触れるが、今は乱暴に説明すると、ここで言う運用商品とは預金や保険商品もあるが主に「**投資信託**」を指す。「**株**」や「**債券**」などの詰め合わせが投資信託と呼ばれる金融商品なのだ。

なんか難しくなってきた…。

お前がやるべき事は「**どんな運用商品を選択するか決める**」だけでいい。選択肢が多すぎると迷うかもしれんが、少なくとも選びたくない運用商品しか揃っていない金融機関は見送っていいという事だ。フランス料理を食べたい時に中華料理店には行かないだろう?

あ、なるほど。まずは**食べたい料理がメニューにある店かどうかを**最初にみるのね。

まぁそういう事だ。それと、いざフランス料理店に行くと、**コースメニュー**と**アラカルト**があるだろう。当然お前のような初心者にアラカルトは選べないだろうからコースメニューがあるお店がふさわしい。つまり前菜、メイン、デザートまで色々な料理の詰め合わせと言える商品が**分かりやすく選べる**事を運営管理機関選びの材料にするといいだろう。

まとめて&おさらいコーナー

運営管理機関選びのポイント
その3 運用商品のコスト

通常、投資信託を使って運用する場合、購入時に1度だけかかる**「購入時手数料」**と、運用期間中にずっとかかる**「信託報酬」**が発生する。

 ちょ…ちょっと…いきなり難易度高いわよ!?

投資信託(=ファンド)に関しては第4章で説明する。購入手数料はレストランの入場料みたいなもので本来なくてよいものだ。

 ホントに…?

iDeCoのメリットの一つとして、購入時の手数料がかからない上に**信託報酬率が相対的に安い商品をラインアップ**している運営管理機関もある。この点もイデコをおすすめする理由だ。ただコストがかからない訳ではないぞ。この率は、運用商品や運営管理機関によっても違うんだ。

 あ、今までの流れで分かってきた。これも積み重ねで、長期間運用していると、すごい差になってくるのね?

その通りだ。資産残高が大きくなると、運用商品の**コストの負担額**も大きくなる。出来るだけ信託報酬率が低い商品を多く取り揃えている運営管理機関を選ぶといい。

その他のポイント

その他の検討材料として挙げるのは、提供しているサービスの違いだ。これは本当に人それぞれ**ニーズが違う**から、色々調べてみるといい。

 え、何かプレゼントが貰えたりするの!?

賞品が当たったりするキャンペーンを実施している会社もあるが、ここで言うサービスとは、**その人が望んでいる事に対応できるかどうか**だ。例えば、仕事が忙しい人なら、わざわざ時間を作って店頭に足を運ばなくても加入手続きが済めばいいと考えたりする。だが一方では店頭に足を運んで制度説明や加入に関する相談をしたいと考える人もいる。

 そっか、相談したければ店舗にいかなきゃ駄目よね。

運営管理機関によっては店舗での加入相談に対応していない場合が多いのできちんと調べてから行った方がいいぞ。証券会社の窓口では説明できないのでは? また、無店舗型の運営管理機関でもコールセンターがあったり、相談員(ライフプランナー)を派遣してくれるところもある。

 そう言えば、第2章で年金の受け取り方も運営管理機関を選ぶポイント…とか言ってなかったっけ?

うむ。運営管理機関によって年金の受け取り方の**ルールが様々**なのだ。

 一時金と年金の併給が出来ない…とかよね?

他には、年金の「**受け取り期間**」や「**年に何回支給されるか**」を設定する際の選択肢が多いか少ないかとか…。若い人はなかなか60歳以降の生活をイメージするのは難しいと思うが、一考の価値はあるぞ。

まとめて&おさらいコーナー

 はぁ…考える事がいっぱいあって大変だな…。

ちなみに、口座管理手数料では「SBI証券」や「楽天証券」といったネット証券やスルガ銀行が安いようだな。過不足はあるが、この章で話した3つのポイントにも合致している。

 あ、途中で運営管理機関を**変更**って出来ないの?

変更する事自体は可能だぞ。だが、その際に一定の手数料がかかるし、現在の運用資産を全て解約(=売却)し現金化してから移管するのだ。いったん運用をとめないといけないし、移管手続き期間中は運用できないなど**のデメリットを考慮する必要がある。**

 よく分からないけれど、よほどの事が起こらない限りは変更しない方がいい、っていう雰囲気ね…。

まあ、最初によく考えて選ぶんだな。この運営管理機関選びがiDeCoの**最大のキモ**なんだ。難しいかもしれんが、頑張れ!

第4章

iDeCoを始めてみたけれど
《運用しないと意味がない》

会社帰りにカラーのスクールに通い始めました

ふわ〜
ねむ…

でも作った指輪は一つも売れなくて…

デザインが良くないのかなあ…
そんなに悪くないと思うんだけど
価格だってギリギリで作ってるのに…

首尾はどうだ？

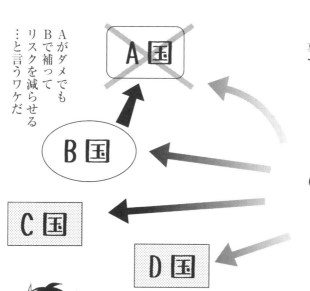

国際分散とは世界中の国や地域で分散させる事で

AがダメでもBで補ってリスクを減らせる…と言うワケだ

ギャンブルと違って投資にはある程度の法則がある

その法則や規則性を利用してリスクを減らさねばならん

なるほどね　様々な可能性を考えて運用しないといけないのね

まとめて&おさらいコーナー

第4章

iDeCoを始めてみたけれど
《運用しないと意味がない》

さあ、説明も佳境に入ってきたのだが、まずはiDeCoについてここまで学んだ事を振り返ってみろ。

 えっと…毎月決まった掛け金を60歳まで積み立てて、そのお金を60歳以降に一時金や年金として受け取る制度。運営管理機関の窓口で加入できる。税制面でのメリットが多くて、長く続けるほどお得で、積み立てた掛け金は自分で運用できる。

うむ。間違いない。

 iDeCoのメリットとか、どうすれば加入できるかとかは分かったわ。でもやっぱり引っかかるのは、自分で**運用**しないといけないという点ね。すごく難しいイメージがあるわ。何か間違ったら**お金が減る**んでしょ? だったら地道に銀行に預金するわよ。

日本人はお金の事に対しては保守的だからな。お前がそう思う気持ちも分からないではない。でも難しく考える必要はないぞ。銀行に預金する行為だって金利が発生するんだから、経済活動における「運用」の一種なんだ。

 でもお金が減る事なんてないじゃない。

このご時世だ。銀行が**破たん**する事だってあるかも知れない。まあ、預金保険制度によって1千万円とその利息は保証されるが…。

そりゃそうだけど…、今の私にとっては預金残高1千万円なんて夢みたいな話だし、ちゃんと金利がついて確実に増えていくじゃない。

 お前…今の一般的な定期預金の金利知ってるか? たったの**0.01%**だ。1千万円預けてても年に**1,000円**しかつかないんだぞ?

 え…そうなの…!?

 それよりこれからはインフレリスクを考えなければいけないのだ。金利が今のままで日銀が目指しているインフレ率2%がずっと続くとしたら30年後には2%×30年で6割以上預金の価値は目減りすることになるのだぞ。そもそもiDeCoは、公的年金以外で老後の資金をつくるために国の法律で決められた、**れっきとした制度**なんだ。預金などの元本保証中心運用から「投資信託」などのバランスのとれた運用に転換して老後資金をつくってほしいという国からのメッセージが込められている。

 投資? 信託? あーやっぱり私には無理そう!

 どういったイメージを持っている?

 第1章でも言ったけど、バリバリのビジネスマンがやってるイメージね。私みたいなフツーでペーペーの会社員なんかが手を出しちゃ痛い目にあうみたいな? テレビのニュースで見るようなアレでしょ? 証券取引所で株とか為替とかの動きをみながら色々ワイワイやるのよね? スゴイ人なら自宅に居ながら一晩で数千万円稼ぐし、失敗したら全財産失う。つまり、すごいギャンブルよね…!?

 〜〜〜っ! ……なんか色々な要素が混ざってるぞ!? ひとつひとつの説明は省くが、つまりはそういうイメージなんだな。色々種類があるのだが、そういった側面がある「投資」もある。お前が言っているのは本来の「投資」ではなく、単なる「取引」であって、短期売買の事だな。

 よく分からないけど、とにかく頭が良くて経済の事も詳しくないと駄目だし、日本だけじゃなくて世界情勢や経済の動きを分単位で読める人じゃないと!

まとめて&おさらいコーナー

…先入観がすごいな。物事を警戒するのはいい事だが、警戒しすぎると何もできなくなるぞ。**少なくとも「投資＝ギャンブル」ではない。**

でも掛け金の支払総額より給付金が少なくなる場合があるんでしょ？

その可能性がゼロではない、という事だ。ギャンブルの勝ち負けは、結局は偶然性の要素が大いに含まれる。だが「投資」にはある程度の法則や規則性がある。それを長期で活用していけば**「負ける」可能性を合理的に減らす事ができる。**そしてiDeCoに関しては税制優遇も充実しているから、トータルで損をする可能性もさらに下がるわけだ。

そっか、そういうものなのね…。

興味をもっていなければそんなもんだ。まずは知らないという事を知るべきだ。iDeCoをきちんと活用するにあたって、本当に必要なのは「深い知識」ではなく**「正しい理解」**と投資に対する**「心構え」**だ。

変な先入観を持つなって事かな？

「正しい理解」をもって下した判断を、忍耐強く信じて継続していくための「心構え」が重要なのだ。

運用の基礎知識

お金には3つの性格がある！

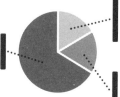

将来やゆとりある生活の為に
「ふやす」お金
※使い道が決まっていない長期間運用ができる資金

自分はもちろん家族のイベントのために
「ためておく」お金
※結婚資金や教育資金など

生活費など使う予定が決まっている
「おいておく」お金
※日々の生活の中で必要とする資金

以上の3つがお金の性格だ。自分の資産の内訳をしっかり理解せねばならんぞ。先程から言っているが、お金はただ単に貯めておくだけでは大きく増えない。お金を効率よく増やしていくためには運用をしなければならないのだ。

うん、出来るだけいっぱいお金を拠出した方がいいんでしょ？

とはいえ、日々の生活で必要なお金や、絶対に減っては困る性格のお金を使うわけにはいかないよな？ だからこそ、自分の持っている**お金の性格を見極めるんだ**。そうすれば、区分の曖昧なものやムダが見えてくる。ムダをそぎ落とせば、おのずと運用に回せる割合が分かってくるはずだ。

運用に絶対という言葉はない。
自分の性格を頭に入れて運用せよ！

これが心構えの部分ね。

そうだ。**投資には価格変動がつきもの**。だからこそ増えたり減ったりする、そういうものなのだ。逆に価格の変動がほとんどないものは、ほとんど増えないという事だな。安心して見ていられるかも知れんが、期待も出来ない。

自分の投資している運用商品の価格は上がったり下がったりするのが当たり前ってね。一喜一憂しても仕方がないのかー。

iDeCoに関しては**長期戦**だからな。長い目でみて、最終的に増えていればいいのだ。一時的に下がったからと言ってすぐ「損した！」という拒否反応を起こすのはナンセンスだ。

まとめて&おさらいコーナー

価格変動のある商品の運用成果は短期間では正しい判断ができない可能性があります。目先の値動きだけでなく長い目で見極めましょう。過去の実績によると、株式の価格は下がったとしても、一定の経済成長を前提とした長い期間でみると、価格の上昇傾向が確認できます。

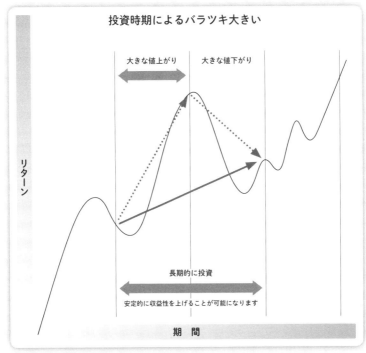

じっと耐えてれば、増える日も来るわけね?

「絶対はない」と言ってるだろーがっ! iDeCoの場合は積み立てで元本が増えて行くから、価格の上がり下がりを経ながらも「基本的には」資産が増えていくはず、としか言えない。

りーまんしょっく? みたいなのが起こる可能性もあると?

あれは最大級の厄災みたいなもんだからな…。そこまで覚悟出来ればなお良しだが、**自分がどこまでの損失を許容できるかと、納得の度合い**を考えておくのだ。自分の資産状態やライフプランを十分に考慮した上で納得できる運用を行う事が重要だ。

運用商品のリスクってどんなの?

一般的によく耳にするのは以下の4つだ。

価格変動リスク
株式や債券などの価格が変動する事で、損失が発生するかもしれないリスク

金利変動リスク
預金金利が低下して受け取る利息が小さくなるかもしれないリスク

信用リスク
会社や金融機関が破たんして元本の一部または全部は戻らないかもしれないリスク

為替変動リスク
為替相場が変動する事で為替差損が生じるかもしれないリスク

投資におけるリスクとは?

投資におけるリスクとは、一般的に使われる「危険」という意味ではない。
将来の不確実性、すなわち**投資対象のブレ幅**のことを言うのだ。

リスク
価格変動の大きさ

リターン
リスクをとる事によって得られる収益

まとめて&おさらいコーナー

リターンとリスクは表裏一体

ローリスク・ローリターンとハイリスク・ハイリターン

【 ローリスク型商品 】

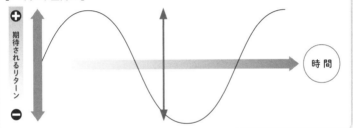

【 ハイリスク型商品 】

先程も触れたが「リスクを低くリターンは高く」という投資はない。より高いリターンを求めればハイリスクになるし、リスクを低く抑えればローリターンになるのはこれで分かっただろうか。

 濡れ手で粟、なんてものは投資には存在しないのね!

運用商品とリターン・リスクの関係は？

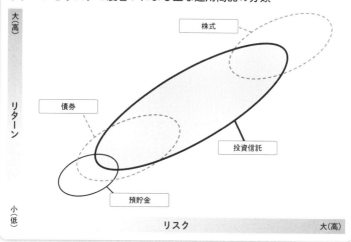

リターンとリスクの度合いによる主な運用商品の分類

リターンとリスクについて正しい認識を学んだら、あとは運用商品を選ぶだけだ。まずは自らのリターンとリスクに対する「心構え」を確認する。ローリターンでも値動きの幅を極力おさえたいのか、ハイリターンを求めて大きな動きを許容できるのか…。**自分のスタンスに丁度いい運用商品を選べばいいぞ。**

iDeCoで提供される商品

次は運用商品についての説明だ。商品とリスク・リターンの関係性を分かりやすくするために上の図では主な運用商品の分類を表示した。しかし、実際iDeCoを始める際に最初に目にするのは「元本確保型」か「投資信託」かという商品の区分だろう。上の図で言うと、預貯金が「元本確保型」残りは「投資信託」だ。

「元本確保型」商品は名前のまんまよね。「投資信託」、ついに出て来たわね!

「投資信託(ファンド)」とは、投資家から集めたお金をひとつの大きな資金としてまとめ、運用の専門家(ファンドマネージャー)が株式や債券などに投資・運用する金融商品だ。その運用成果は、投資家それぞれの投資額に応じて分配される。

まとめて&おさらいコーナー

投資信託とは

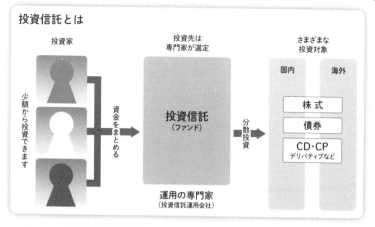

投資したお金をプロに「信」じて「託」すわけね。そっか、だから**素人でも商品の知識さえあれば運用できる**のか!

「集めた資金をどのような対象に投資するか」は、投資信託ごとの運用方針に基づき専門家が行う。投資家はこの方針と、それによる**リスク・リターンに同意・納得してもらえばいい**って事だ。

投資信託の特徴

少額投資が可能
iDeCoでは1円(1口)から購入できます。各投資家の資金をまとめて運用するので
少額で株式などへの投資が可能です。
(※注 iDeCoの毎月の掛け金自体は5,000円からです)

分散投資が可能
資金の大口化によって、少額資金でも複数の銘柄(資産)に
分散投資したのと同じ効果が得られます。

運用の専門家が投資判断
専門家の高度な知識や運用手法が活用でき、
個人のレベルではできなかった投資が可能になります。

豊富なバリエーション
運用方針や投資対象の異なる多くの商品があり、
その中から自分の運用目的にあった商品を選択できます。

費用がかかる
「信託報酬」が資産の残高から毎日差し引かれます。
また、購入時や解約時に「信託財産留保額」がかかる場合もあります。

元本の保証がない
実績配当の商品であり、損失が生じた場合でも
元本の保証はありません。

投資信託はもともと個人が少額から投資に参加できるようにしたものだ。
iDeCoではさらに少額から可能になったし、信託報酬も抑えられている。
値上がり益に対する税金もかからない。元本の保証がないと言っても、これ
だけでかなりリターンの改善になっているんだ。それでいて、投資運用
の実務はプロに任せられる。iDeCoの新規加入者で投資をバリバリ経験
している人は少ないだろう。広く一般に浸透すべき制度・iDeCoと相性が
いいシステムだと思わんか?

 それで「投資しないと意味がない」…って言ってたのね。全てが繋がっ
たわ。

分かってくれたかミカエよぉおおお〜〜〜(泣)

具体的な運用商品ラインナップ

では、どんな商品がラインナップされているか実際に見てみよう。2016年9月からiDeCoに参入した**楽天証券**での取扱商品の一覧がこれだ。

楽天証券iDeCoセレクション（投資信託）

投資対象	商品名
国内株式	三井住友・DC日本株式インデックスファンドS
	たわらノーロード日経225
	iTrust日本株式
	MHAM日本成長株
	フィデリティ日本成長株ファンド
国内債券	たわらノーロード国内債券
	明治安田DC日本債券オープン
国内不動産	三井住友・DC日本リートインデックスファンド
	野村J-REITファンド（確定拠出年金向け）
海外株式	たわらノーロード 先進国株式
	インデックスファンド海外新興国（エマージング）株式
	ラッセル・インベストメント外国株式ファンド（DC向け）
	iTrust世界株式
海外債券	たわらノーロード先進国債券
	たわらノーロード先進国債券（為替ヘッジあり）
	インデックスファンド海外新興国（エマージング）債券（1年決算型）
	みずほUSハイイールドファンド〈DC年金〉
海外不動産	三井住友・DC外国リートインデックスファンド
コモディティ	ステートストリート・ゴールドファンド（為替ヘッジあり）
バランス型	三井住友・DC世界バランスファンド（動的配分型）
	三菱UFJ DCバランス・イノベーション（KAKUSHIN）
	投資のソムリエ〈DC年金〉
ターゲットイヤー型（バランス型の一種）	楽天ターゲットイヤー2030
	楽天ターゲットイヤー2040
	楽天ターゲットイヤー2050

セゾンシリーズ（投資信託）

投資対象	商品名
国内外株式	セゾン資産形成の達人ファンド
バランス型	セゾン・バンガード・グローバルバランスファンド

元本確保型商品

投資対象	商品名	金利
定期預金	みずほDC定期預金	0.01%

わ〜なんか色々あるね…。何がどう違うんだろう?

各商品の運用方針や説明は運営管理機関のHPで確認するといい。次は基本的な運用商品の分類を説明しよう。

運用スタイルによる分類

	パッシブ(インデックス)型	アクティブ型
運用の目的	ベンチマークに連動することを目的として運用するタイプの投資信託。	ベンチマークを上回ることを目的として運用するタイプの投資信託。
特徴	ベンチマークに連動することを目的とするため、市場全体もしくは市場を代表する銘柄を組み入れて運用を行う。	ファンドマネージャーが様々な投資分析を駆使して、投資信託の組み入れ銘柄を決定するので、予測どおりであればベンチマークを上回るし、逆の場合にはベンチマークを下回る。
コスト	販売手数料や信託報酬など運用にかかるコストはアクティブ型より低めに設定される。	販売手数料や信託報酬など運用にかかるコストはインデックス型より高めに設定される。

ベンチマーク:投資信託の運用効果をみる場合の基準となる指標(インデックス)、東証株価指数(TOPIX)や日経平均株価が代表的。

株式のアクティブ運用における主な手法

グロース型(成長株) 企業の成長率などに注目して、成長性のある銘柄を選別し、投資を行うスタイルです。成長株式投資とも呼ばれます。

バリュー型(割安型) 株価評価尺度で見て割安な銘柄を選別し、投資を行う運用スタイルです。割安株投資とも呼ばれます。

運用の対象で分類

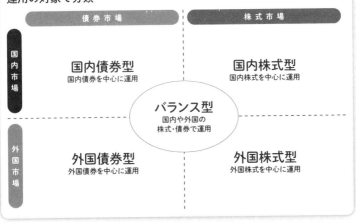

長期・積み立て・分散で資産形成

うーん、いっぺんに覚えようとすると、頭がパンクしそう…。

よく頑張ったな。基礎知識はとりあえずこんなもんでいいだろう。あとは必要に応じて学んでいけばいい。

やったー！ じゃ、もう終わり？

初心者の運用で一番**大事なポイント**、聞かなくていいのか？

あっ…え…お…、おねがいします！

うむ。リターンを安定させる投資を行うための3大原則。
【①**長期** ②**積み立て** ③**分散**】だ。
これで老後の資産がきちっと作れるかどうか決まるぞ。

iDeCoは加入するだけで60歳まで積み立てできるわけだから、①長期はクリアーよね。しいて言えば、できるだけ早くスタートした方がいいかな。

そうだな。あとは②積み立てと③分散だ。分散は「投資対象」分散と「時間」分散の2種類がある。毎月定期的に積み立てること＝投資タイミングを分散することになるので、**「時間分散＝積み立て」**ということになる。

分散させると何かいいことがあるの？

分散の詳しい説明をするぞ。まず**「投資対象」**だが、株式、債券、や日本国内、国外などが挙げられる。一般的に投資対象を分散することによって**リスクが軽減**されるんだ。

「投資には価格変動がつきもの」…だったよね！ 株だけとか、債券だけとか、全部一緒の商品だと一緒の値動きだけど、色々な商品にまんべんなく投資することによって、最悪のリスクは避けられるのね。

「卵を一つのかごに盛るな」という格言がある。10個の卵を一つのかごに入れて、もし落としたら全滅だな？ でも2個ずつ5つのかごに分けて入れておくと、1つのかごを落としても残りの8個の卵は無事なわけだ。

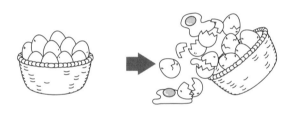

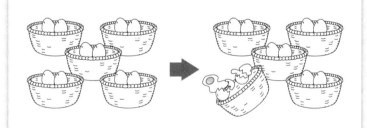

あと、投資する国や地域も分散したほうがいい。アメリカ、ヨーロッパ、アジアなどにグローバルな分散を行うことで世界経済の成長の果実を得ることもできるんだ。

なんかカッコイイ！

そして「時間」。さっきも言及したが、こうした投資対象の分散に加えて時間軸の分散、つまり積み立て投資も有効だ。投資資金を一度につぎこむと、当たりはずれに影響されるギャンブルのようになるが、時間分散をすることで**買値を平準化できる**。同じ周期で同じ金額を機械的、定期的に積み重ねていく手法(ドルコスト平均法)では、相場が安いときに量を多く買えて、高い時には少なく購入する形となるので、**買値を低く抑える効果もある**んだ。

「iDeCoは毎月コツコツが基本」ってのは、こういう意味もあるのね!

うむ。この分散投資に、iDeCoの真骨頂である「長期」が加わると、**さらにリターンが安定する**。例えば同じ商品の保有期間が5年と20年を比較した場合、5年だと−8%〜+14%の間とリターンが安定せずにマイナスの場合もあったが、20年持ち続けると+2%〜+8%でプラスに転じるというデータもあるんだ。(金融庁金融レポート)

ちゃんとデータに裏付けられているのね。

以上のように、老後資金のための投資は、グローバル分散、時間分散、長期保有、それらを積立投資で実行することが効果的だ。※過去の実績でもパフォーマンスに大きな違いがみられる。(20年間積立 年平均リターン比較 グローバル6分散4%、国内2分散1.9%、定期預金0.1%)

メモメモ…。「投資には価格変動がつきもの」、「色々な商品にまんべんなく投資する事がとっても大事」…っと。…そうか、それで初心者には色んな商品の詰め合わせ…「**バランス型**」商品がオススメなのね!

その通りだ。「バランス型」商品はあらかじめ日本株何%、外国株何%、債券何%、○○何%…と投資比率が決まっているものが多い。値動きの激しい株式などは少し相場が動くだけであっと言う間に全体の投資比率が崩れてしまうのだが「バランス型」なら**設定された比率を運用会社が自動的に調整してくれる**んだ。

そうよね…私のような素人には、そんなことできないからプロにお任せできる方がいいな。

投資に慣れてきたら、自分で組み合わせを考えるのもいいかもな。その比率を示したものを**ポートフォリオ**と言うんだ。このポートフォリオはその人それぞれによって最適解が違う。自分が持っている資産全体と、年齢や未婚・既婚など現在の状況…、また投資の経験の有無など、それらを総合して考えるといい。

第5章

他にもある非課税制度「NISA」iDeCoどっちがお得？

NISAは株や投資信託などの利益…

いわゆる「値上がり益」や「配当金」と言われるものを非課税にする制度だ

※通常は利益の20％に課税されます

iDeCoとNISAの違い

	iDeCo	NISA
年間の投資の上限	14万4千円〜81万6千円（職業により異なる）	120万円
期間	最大40年（20歳から60歳まで）	5年
最大の違い	年金なので60歳までは現金化不可	いつでも必要な時に現金化できる

iDeCoもNISAもそれぞれメリットがありますね

まとめて&おさらいコーナー

第5章

他にもある非課税制度「NISA」 iDeCoどっちがお得?

iDeCoと同じ非課税制度で**「NISA」**ってのよく聞くんだけど?

「NISA(ニーサ)」とは少額投資非課税制度の事だ。iDeCoと同様に、運用によって生まれた配当金や値上がり益は非課税になる。経済市場を活性化させるため、初心者でも気軽に投資に参加できるよう門戸を開いた制度だな。

確かに、すごいよく聞くもんね。それだけ**お得な制度**なのかな。

値上がり益、配当金に20%の税金がかからない…つまり20%の運用リターン改善っていうと、やっぱりすごいインパクトだな。

ふーん? iDeCoだってそうじゃない。

iDeCoはiDeCoの、NISAはNISAの**メリットデメリット**があるから、それぞれの特徴をいかして両方うまく使うことだ。

〈 NISAとは… 〉　■非課税投資枠────毎年120万円まで
　　　　　　　　　■非課税対象──────株や投資信託の値上がり益や配当金(分配金)

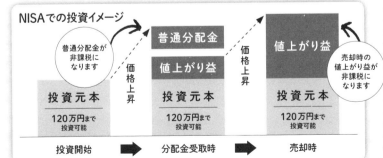

年間(1月〜12月)で上限120万円の非課税投資枠があり、この範囲で「投資した商品」によって「得られた値上がり益や配当金」が非課税になる。投資枠の120万円が非課税になるわけではないので間違えないように。

・・・・・・・・・・・・・・・・・・・・・・・ 例 ・・・・・・・・・・・・・・・・・・・・・・・

100万円の株を購入 120万円で売却 ➡ 売却益20万円が非課税

 年間120万…って、月10万ずつ積み立てができるってすごいね! でも私には毎月10万円はムリだなぁ。

「上限」120万だからな。必ずしも使い切らなくていいぞ。自分が無理なく出来る金額で活用すればいいのだ。翌年には上限120万円の新たな非課税枠がもらえる。だが、**使い残した分は翌年には繰り越せない**から注意が必要だ。

運用期間
5年間

投資総額
最大600万円まで(120万×5年間)

iDeCoが最大40年の運用に対し、NISAは5年間。ここが大きなポイントだ。

 「5年しか」運用できないから? 運用期間は長い方がいいんでしょ? ※1

※1…5年間の非課税期間終了時は、投資元本を翌年の新規非課税枠内であれば引き継ぐことができる。(「ロールオーバー」とも言う。5+5年で最長10年) ただし、非課税枠を超えた部分は時価で特定/一般口座に移る。

確かに5年という期限は大きなデメリットだな。だがその分iDeCoと違い、運用期間が終わるのを待たずとも、**いつでも現金化できる**。どうしても資金が必要になった時に取り崩せる流動性が確保されているのがメリットだ。

 そうか! じゃあ、利益が出るたびに現金化して、ちょっとしたおこづかいも作れるってこと?

いや、NISAはそういう使い方には不向きだ。非課税投資枠は年間120万。投資額の一部または全部を売却した場合、売却分の非課税投資枠は**再利用できないシステム**になっている。

まとめて&おさらいコーナー

> **例**
>
> **2017年1月にNISAを始めたとして…120万円投資したとする。**
>
> 2017年のある時点で120万円の投資分のうち20万円を売却し、売却益を得ると、それ以降は2017年分の非課税投資枠の上限が100万円になります。非課税期間終了の2021年まで枠の上限は100万円以上回復しません。

> 短期間で売買することを前提にした商品には向いてないのね。

> そうだ。NISAもあくまで**長期資産形成**のための制度として用意されているからな。やはりiDeCoと同様に、長期・積み立て・分散で活用していってほしい。

口座開設期限
2023年12月31日まで

NISA口座資格者
20歳以上
（20歳未満でも加入できる「ジュニアNISA」制度もあります）

> NISAは今のところ2023年までの時限制度なのだが、制度恒久化にむけて検討をすすめているようだ。制度が恒久化されればロールオーバーを重ねることで、ずっとこの中で長期投資が続けられることになる。それと2018年からは積立投資専用の**「積立NISA」**という新しい制度が始まるのだ。こちらは限度額が年間40万円だが非課税運用期間が20年もあって、まさに長期積立分散投資がやりやすくなる。年間40万円以内の投資を前提にするなら来年からの積立NISAを活用するといいだろう。

NISAのデメリット

保有資産を特定・一般口座に移す際のデメリット

●メリットパターン（非課税期間に保有資産が値上がりした場合）

投資額の100万円が、5年後の非課税期間終了時に140万円に値上がりしていると、課税口座に移す際には140万円で購入し直したとみなされます。その後、170万円に値上がりし売却した場合、170万円から140万円を差し引いた30万円だけが利益とみなされて課税されます。

●デメリットパターン（非課税期間に保有資産が値下がりした場合）

投資額の100万円が、5年後の非課税期間終了時に30万円に値下がりしていると、課税口座に移す際には30万円で購入し直したとみなされます。その後、70万円に値上がりし売却した場合、70万円から30万円を差し引いた40万円が利益とみなされて課税されます。このパターンでは、当初の購入価格（100万円）と売却価格（70万円）からみると、損失が出ている状況にもかかわらず、課税対象となりますので、特に注意が必要です。

《 値上がりすればメリット 》

取得価格A

期間満了Bで譲渡したものとみなされる。
その後、Cで売却した場合でも、C−B間は課税されるが、B−A間は非課税

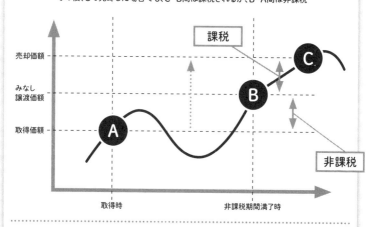

《 値下がりするとデメリット 》

取得価格A'

取得価格より値下がりしてB'で期間満了になった場合、
本来C'−A'の損失であってもC'−B'間に課税される。

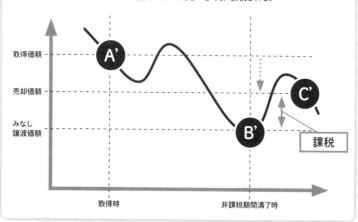

セゾン投信作成

まとめて&おさらいコーナー

非課税以外のNISAのメリットは？

5年間で最大600万円の非課税投資枠があるのがまず大きい。老後のことも大事だが、まずは近い将来のことを考えたい人もいるはずだ。そして少なくとも基本的には5年間、ロールオーバーのケースなら10年間はどっしりと投資を継続できる仕組みだ。つまり長期・積み立て・分散を行うのに便利な制度であることは間違いない！　あとはiDeCoと違っていざ資金が必要になった時にはいつでも資金化できることは大きな安心感だな。

iDeCoとNISA、結局どちらをすればいいの？

両方お得なのは理解したけれども…。結局どちらに入れればいいんだろ？

iDeCoの方が非課税の優遇度合は大きいが、原則60歳まで引き出せないので、必要な時にいつでも資金化できるNISAとバランスよく組み合わせて長期資産形成に活用するんだな。

つまり…?

iDeCoもNISAも**両方やった方がいい**。1ヵ月の積立投資枠で考えるとNISA10万円、iDeCo（企業年金のない会社員の場合）23,000円、合計枠は123,000円にもなる。非課税制度を最大限活用しない手はないぞ！

……やっぱり!

第6章

iDeCoを始めるあなたへ

その味を
忘れなければ
良いのだ

そしてミカエの作った商品を気に入って買ってくれた人以外にも

もっと良い品を作って返す力にすれば良い

面接会場

何よソレ!
冗談じゃないっ

すまんな
だましたワケでは
ないのだが…

でもあの
ルキフ様 (一応)
悪魔ですし…

一度 地獄へ戻って
魂を捕獲する
道具を持って
来ねばならん

しまった

うーん
人間界の時間
にすると…

マンガでまる分かり！ 知らないと後悔する「iDeCo」〜確定拠出年金〜

2017年1月31日 第1刷発行

著者	中野晴啓　井戸美枝 佐々木昭后
発行人	石原正康
発行元	株式会社 幻冬舎コミックス 〒151-0051 東京都渋谷区千駄ヶ谷4-9-7 電話 03-5411-6431（編集）
発売元	株式会社 幻冬舎 〒151-0051 東京都渋谷区千駄ヶ谷4-9-7 電話 03-5411-6222（営業） 振替 00120-8-767643
印刷・製本所	大日本印刷株式会社

万一、落丁乱丁のある場合は送料当社負担でお取替致します。幻冬舎宛にお送り下さい。
本書の一部あるいは全部を無断で複写複製（デジタルデータ化も含みます）、放送、データ
配信等をすることは、法律で認められた場合を除き、著作権の侵害となります。
定価はカバーに表示してあります。

©NAKANO HARUHIRO,IDO MIE,SASAKI AKIKOH,GENTOSHA COMICS 2017
ISBN978-4-344-83868-0 C0033 Printed in Japan

幻冬舎コミックスホームページ
http://www.gentosha-comics.net

本作品のストーリーはフィクションです。実際の人物・団体・事件などには関係ありません。
本書に登場する制度は2017年1月現在の内容となります。